LES SAUVAGES,
PARODIE
DE LA
TRAGEDIE D'ALZIRE.

De Messieurs ROMAGNESI & RICCOBONI.

En un Acte en vers.

Représentée pour la premiere fois par les Comédiens Italiens, le 5. Mars 1736.

A AMSTERDAM,
Chez J. RYCKHOF, Fils, Libraire.

───────────

M. DCC. XXXVI.

ACTEURS.

L'ALZIRE, femme du Gouverneur.
NEGRITTE, suivante de l'Alzire.
BONHOMME'S, pere de Garnement.
GARNEMENT, Gouverneur.
FADEZE, pere de l'Alzire.
MATAMORE, amant de l'Alzire.
NEGRILLON.
SUITE.
UN GARDE.

La Scene est en Amerique.

LES SAUVAGES,
PARODIE
DE LA
TRAGEDIE D'ALZIRE.

SCENE PREMIERE.
BONHOMMÉS, GARNEMENT.
BONHOMMÉS.

OUI, de me succeder mon fils aura l'honneur,
Et chez les Missouris le voilà Gouverneur.
Mais écoutez-moi bien ; le droit de la vieillesse
Est de moraliser la boüillante jeunesse :
Dûssent tous mes discours ici vous ennuyer,
Pour l'exposition il les faut essuyer ;
De me faire estimer j'eus toujours l'avantage,
Vous avez de l'esprit & même du courage ;
Mais vous êtes hautain, fat, insolent, brutal.
Moi, je suis simple, doux, bienfaisant & loyal:

A 2

Et quoique pere & fils, differens l'un de l'autre,
Bonhommés est mon nom, Garnement est le
 vôtre.

GARNEMENT.

Comment feroit-on voir que l'on est grand Sei-
 gneur,
Si l'on ne se donnoit un air superieur ?
Il faut tenir son rang, & d'un coup d'œil sublime,
Pour se faire estimer montrer que l'on s'estime.
Il faut que les petits tremblent à notre aspect,
Et l'orgüeil fut toujours le pere du respect.

BONHOMMÉS.

Ah, mon fils ! oubliez cette morale étrange,
On aime la vertu depuis que le goût change ;
Un homme tel que vous se voit mal accüeilli.
Si vous aviez connû le Comte de Neüilli !
C'étoit un cœur rempli de vertus héroïques,
Pere de ses vassaux & de ses domestiques,
Pour se couvrir de gloire il n'a rien épargné :
C'étoit un bon Seigneur !

GARNEMENT.

      Il a beaucoup gagné.
Si dans quelques maisons il parut respectable,
Il se vit, en public, bien moins recommandable.
Il faut être brillant, & n'importe à quel prix ;
Toujours du singulier l'univers fut surpris.
Suis-je moins estimé, malgré mon caractere ?

BONHOMMÉS.

Vous devez cet éclat au nom de votre pere.
Ce qu'il fit autrefois parle en votre faveur,
Et la prévention fait tout votre bonheur.
Mais, pour la conserver, devenez honnête homme ;
Le Peuple Ameriquain n'aime pas qu'on l'assom-
 me ;

Vous le traitez fort mal ; trop de séverité
Rend chez nos ennemis votre nom detesté :
Moins bien armés que nous, ils ne sont pas
  moins braves ;
Nous ne venons ici que pour les rendre esclaves,
Ils voudroient éviter un joug aussi fatal.
Ah ! battez les, mon fils, sans leur faire de mal.

GARNEMENT.

La chose, à dire vrai, me paroît difficile ;
Mais à vos volontés il faut être docile.
Puisque vous l'ordonnez, on peut les ménager.
Hélas ! à mes chagrins vous me faites songer ;
Vous sçavez que mon bras, dans la guerre der-
  niere,
Avec des prisonniers fit une prisonniere.
Cette Esclave à l'instant me soûmit à ses loix ;
Mais, bien loin de sentir tout l'honneur d'un tel
  choix,
Elle fuit mes soupirs, méprise ma tendresse.
Quoi, ne puis-je gagner le cœur d'une Négresse ?
J'ai beau faire éclater ma fureur à ses yeux....

BONHOMMÉS.

Vous vous y prenez mal, & je m'y prenois mieux ;
J'affectois des égards & de la politesse :
Il faut de la douceur auprès d'une maîtresse ;
Un amour furieux ne peut que la choquer,
L'homme le moins galant sçauroit vous critiquer.
Elle va cependant devenir votre femme,
Son pere, dans ce jour, l'accorde à votre flâme ;
La fille en est fâchée, & ne vous aime point ;
Mais pour se marier on passe sur ce point :
Vous allez être heureux ! Que dans cette journée
Tout se ressente ici de ce doux himenée ;

Mettez en liberté ces pauvres prisonniers,
Qu'aux pieds de nos remparts on prit ces jours derniers.

GARNEMENT.

Ils sont six, & venoient pour surprendre la Ville.

BONHOMMÉS.

Ils ne le pourroient pas quand ils seroient six mille.
Ecoutez, & voyez quelle obligation
Eut jadis votre pere à cette Nation :
Un jour dans ces forêts, sans crainte de surprise,
De m'aller promener j'avois fait la sottise ;
Les Sauvages bien-tôt mirent en désaroi
Deux malheureux valets que j'avois avec moi.
Je suis pris ; & suivant sa coûtume barbare,
A manger votre pere un peuple se prépare.
Un d'entr'eux, tout à coup, en m'entendant nommer,
Fait éteindre le feu qu'on venoit d'allumer :
Bonhommés, me dit-il, reçoi la récompense
Des bienfaits que sur nous a versés ta clémence ;
Ta vertu de mon cœur a banni le courroux,
Et tu meriterois d'être né parmi nous.
Va, tu peux, sans danger, rejoindre ton armée.
Voyez ce que nous vaut la bonne renommée !

GARNEMENT.

Vous leur devez beaucoup, mais ce sont des coquins ;
Doit-on s'intéresser pour des Amériquains ?
On les ménage peu dans le tems où nous sommes.

BONHOMMÉS.

Pour être un peu plus noirs, ils n'en sont pas moins hommes,

LES SAUVAGES.

Mon fils, mettez enfin un terme à leurs malheurs,
Je demande leur grace, & vous voyez mes pleurs.
GARNEMENT.
Il faut vous obéir. De leur sombre demeure
Pour paroître au grand jour, ils vont sortir sur
 l'heure.
BONHOMMÉS.
Votre beau-pere vient, & je dois lui parler.
GARNEMENT.
Pour vous laisser ensemble il faut donc m'en aller.
    (*Il sort.*)

SCENE II.
BONHOMMÉS, FADEZE.
FADEZE.
Bonjour, cher Bonhommés.
BONHOMMÉS.
   Bonjour, mon cher Fadéze.
FADEZE.
Comment vous portez-vous ?
BONHOMMÉS.
    Très-bien.
FADEZE.
    J'en suis fort aise.
Je m'intéresse à vous.
BONHOMMÉS.
 Pourquoi ?
FADEZE.
    Je n'en sçai rien,
Et, quoique vous m'ayez emporté tout mon bien,
Je vous aime beaucoup. C'est la façon de prendre

Qui rend pour le voleur notre ame dure, ou tendre.
Depuis trois ans ici vous avez soin de moi,
Et je suis plus content que lorsque j'étois roi.
D'ailleurs, vous n'avez point méprisé ma famille,
Puisque nous marions Garnement & ma fille.

BONHOMMÉS.

Oui, c'est bien mon dessein ; mais je crains qu'en ce jour,
Ta fille, pour mon fils, n'ait pas assez d'amour ;
Et, par là, j'envisage un avenir funeste.

FADEZE.

Bon ! ma fille toujours eut de l'amour de reste ;
Vous n'avez rien à craindre, & je vais lui parler.

BONHOMMÉS.

Veux-tu qu'en ce moment je la fasse appeller ?

FADEZE.

Non, elle viendra bien sans qu'on l'en avertisse,
Toujours à nos desseins le hazard est propice,
Car la voici qui vient.

BONHOMMÉS

                Pour la déterminer,
Fais voir en ce moment que tu sçais raisonner.
(Il sort.)

SCENE III.

FADEZE, L'ALZIRE.

L'ALZIRE.

Dieu ! Quels sont mes malheurs !

FADEZE.

                Approche-toi, l'Alzire,
J'ai, pour nos interêts, quelque chose à te dire ;

LES SAUVAGES. 9

Tu vas voir les François tomber à tes genoux,
Tu vas donner la main au plus illustre époux.
Le ciel, par ton secours, va nous combler de joie,
Et sa faveur sur nous aujourd'hui se déploïe ;
Tu vas monter au trône, &, pour le dire en bref,
Tu seras aujourd'hui la femme du grand Chef.

L'ALZIRE.

Pourrois-je y consentir ? Hélas ! je pleure encore
Le destin malheureux du vaillant Matamore ;
Je ne puis oublier que ce jeune héros.
Nous avoit assûré qu'il finiroit nos maux ;
Qu'il alloit des François arrêter l'entreprise ;
Que pour prix de ses soins ma main lui fut promise ;
Que pour premier essai de sa rare vertu,
Il alla pour les battre, & qu'il en fut battu.

FADEZE.

C'est qu'il eut du malheur.

L'ALZIRE.

     Il y perdit la vie.
Sa mort, de mes regrets sera toujours suivie,
Je lui serai fidelle....

FADEZE.

     Appaise ces transports ;
Il est tant de vivans, pourquoi songer aux morts ?

L'ALZIRE.

Ah ! de tous les humains, celui qu'on me présente,
Est le seul dont l'aspect m'alarme & m'épouvante ;
Vainqueur de mon amant, je ne puis sans horreur
Recevoir une main qui lui perça le cœur.

FADEZE.

Il est vray que la chose est trés-désagréable ;
Mais d'un pareil effort un grand cœur est capable.

L'ALZIRE.

Je ne puis à ses jours attacher mon destin,
Je le hais, je l'abhorre... Eh ! pense-t-on qu'enfin,
Un François freluquet ici me dédommage
Des solides vertus d'un illustre Sauvage ?

FADEZE.

Matamore, il est vrai, te convenoit bien mieux,
C'étoit un bon garçon quoi qu'un peu furieux.
Mais enfin, chacun sçait qu'une fille Sauvage,
N'est pas si difficile en fait de mariage.
Allons donc, résous-toi ; pour notre bien commun
Il te faut un époux, & c'en est toujours un.

L'ALZIRE.

Victime du devoir & de la politique,
Il faut donc s'immoler pour la cause publique.
On le veut, j'obéïs : mais je dois, à ses yeux,
Faire éclater l'horreur que m'inspirent ses feux.
Après un tel aveu, pour peu qu'il s'y hazarde,
Il pourra m'épouser ; mais qu'il y prenne garde.

FADEZE.

Je le vois. Il te doit obtenir aujourd'hui ;
Et, comme de raison, je te laisse avec lui.

SCENE IV.

L'ALZIRE, GARNEMENT.

GARNEMENT.

Madame, apparemment on vient de vous instruire

De l'himen qu'on prépare, & du bien où j'aspire.
On vous a dit que c'est pour elle un grand hon-
  neur,
Pour peu qu'une Sauvage épouse un Gouverneur;
Qu'à ce poste éclatant vous ne pouviez préten-
  dre,
Si l'amour jusqu'à vous ne m'avoit fait descendre.
Remplissez les devoirs qu'éxige cet amour,
Songez que c'est à vous à me faire la cour.

L'ALZIRE.
Sans vouloir me choquer de votre impertinence,
Je vais vous dire ici deux mots en confidence.
Lorsqu'un pere commande, il lui faut obéïr,
Mais, en dépit de moi, vous allez m'obtenir.
Ma main fut autrefois promise à Matamore,
A mon cœur, à mes yeux il est présent encore;
Je l'aimerai toujours : oui, je vous le promets,
Les premieres ardeurs ne s'éteignent jamais.

GARNEMENT.
Vous en aimez un autre, & venez me le dire?

L'ALZIRE.
Jugez de ma candeur, & connoissez l'Alzire.
D'autres, sans avertir, sçavent manquer de foi,
C'est l'usage d'Europe, il n'est pas fait pour moi.
Je serai votre femme, & vous serai fidelle.
Aprés ce que j'ai dit, la promesse est nouvelle,
Mais je tiendrai parole; & vous pouvez compter
Sur la vertu d'un cœur qui va vous détester.
Un semblable discours vous surprend, &, je
  gage,
Que personne avant moi n'a tenu ce langage;
Mais la simple Nature habite parmi nous,
Et parle dans ces lieux autrement que chez vous.
  (Elle sort.)

GARNEMENT.

D'un himen arrêté, que sur l'heure on va faire,
Voilà, je vous l'avouë, un beau préliminaire.
Puis-je l'aimer encore après un tel aveu,
Moi qui suis si hautain ? C'est m'estimer bien peu !
Je ne sçais où j'en suis, la fureur me transporte !
Que penser ? Que resoudre ? Elle me hait. N'im-
    porte,
Par les nœuds de l'himen il la faut engager,
Et je l'épouserai, dûsse-je en enrager.   [*Il sort.*]

SCENE V.

MATAMORE, NEGRILLON, *Suite.*

MATAMORE.

Amis infortunez, qui partagez mes peines,
Nous revoyons le jour, on a brisé nos chaî-
    nes.
Prétend-t'on nous tuer, ou nous faire du bien ?
En quels lieux sommes-nous ?

NEGRILLON.

Personne n'en sçait rien.
Peut-être croyez-vous l'apprendre dans la suite,
Mais non ; de le façon que la chose est conduite,
Je leur donne à choisir dans tout le Potosi,
Quel que soit cet endroit, il est fort mal choisi.

MATAMORE.

Hé bien, n'en parlons plus. Mais si tu veux m'en-
    tendre,
Ce que tu sçais déja, je m'en vais te l'apprendre.
Depuis trois ans entiers on croit que je suis mort ;
Tu vois qu'il n'en est rien, & par un coup du sort,
Après avoir souffert les tourmens effroyables

Que me firent subir nos tyrans implacables,
Je lassai leur fureur, du moins je la trompai;
En un mot, j'étois mort lorsque j'en réchapai.
Depuis ce tems fatal, courant de bois en plaine,
Je rassemble une Armée, en ces lieux je l'amene;
J'y cherche Garnement, & viens à tout hazard;
Mes gens sont dans le bois; j'approche du rem-
    part;
On me voit, on m'attaque; & j'ai beau me de-
    fendre,
Pour la seconde fois je me laisse encor prendre.

NEGRILLON.

Peut-être quelque jour seras-tu plus heureux.
Mais que veut ce Vieillard ? Il a l'air langoureux.

SCENE VI.

BONHOMMÉS, MATAMORE, NEGRILLON, Suite.

BONHOMMÉS.

Soyez libres. Vivez.

MATAMORE.

Oui, c'est bien notre envie.

BONHOMMÉS.

C'est à moi, mes enfans, que vous devez la vie.

MATAMORE.

Tu parois Espagnol ?

BONHOMMÉS.

Non, non, je suis Français.

MATAMORE.

Je ne m'étonne plus du bien que tu me fais.

BONHOMMÉS.

J'ai pour ta nation une amour fraternelle,
Et je te rends ici ce que j'ai reçû d'elle :
Que ne puis-je aujourd'hui par un pareil secours
Etre utile au héros qui conserva mes jours !

MATAMORE.

Que vois-je ! Sa vieillesse & son air respectable...
Connoîtrois-tu la main qui te fut secourable ?

BONHOMMÉS.

Mais c'étoit un jeune-homme ; & franchement
je croi.....

MATAMORE.

Est-ce toi, Bonhommés ?

BONHOMMÉS.

Ah ! mon ami, c'est toi !
On se retrouve ainsi, lorsque moins on y pense :
Et voilà le brillant d'une reconnoissance.

MATAMORE.

Ah ! que je suis charmé de te voir en ces lieux !
Mais satisfais, de grace, un desir curieux :
Fadéze est-il vivant, & regne-t'il encore ?
Je devrois le sçavoir, cependant je l'ignore.
Mon pere, excuse-moi, si je verse des pleurs.

BONHOMMÉS.

Tu fais bien ; ce moment attendrit tous les cœurs :
La situation est vraiment patétique,
Et l'on se fait honneur, quand on pleure au
  tragique.
Oui, Fadéze respire, & je vais l'avertir
Que tu voudrois le voir avant que de partir.
Mais ce n'est pas assez, dans ce jour plein de joye
Je vais chercher mon fils, & je veux qu'il te voye,
Que vous soyiés amis.

MATAMORE.
Comment l'appelle-t'on?
BONHOMMÉS.
Il ne faut pas encor que tu sçaches son nom :
Mais le plus grand bonheur pour ce cher fils s'aprête ;
Tu le partageras, & seras de la fête.

MATAMORE.
Quelle est donc cette fête où je dois prendre part ?
BONHOMMÉS.
Ne t'inquiéte point, tu le sçauras plus tard.

MATAMORE.
Mais est-il naturel de m'en faire un mistere ?
BONHOMMÉS.
Non, je devrois parler, & j'ai tort de me taire ;
Mais aux coups de théatre on doit un peu songer ;
On aime la surprise, il faut la ménager. *(Il sort.)*

SCENE VII.
MATAMORE, NEGRILLON, *Suite.*
MATAMORE.
Le bon homme, sans doute, est souvent en délire :
Mais Fadéze est vivant, & je verrai l'Alzire,
L'Alzire, dont le nom est si cher à mon cœur,
Conserve-t'elle encor pour moi la même ardeur?
NEGRILLON.
Mais je n'y comprens rien!Pourquoi de cette belle
Ne demandois-tu pas au moins quelque nouvelle?

MATAMORE.

Je m'en suis bien gardé ; plus fin que tu ne crois,
Je ne dis jamais tout dès la premiere fois.
Mais quel est ce vieillard que nous voyons pa-
    roître ?

NEGRILLON.

C'est Fadeze ; aisement tu dois le reconnoître
Tu le voyois souvent, & presque son beaufils....

MATAMORE.

Je ne connois plus rien dans ce maudit païs.

SCENE VIII.

MATAMORE, FADEZE, NEGRILLON,
    Suite, GARDES.

MATAMORE.

Quoi, nous nous revoyons ? quel bonheur
    est le nôtre !
Embrassons-nous, mon Pere.

FADEZE.

              En voici bien d'une autre !
Matamore en ces lieux ! Je suis tout confondu ;
On t'a fait un tombeau, c'est de l'argent perdu.

MATAMORE.

De ta Fille au plûtôt apprens moi des nouvelles.

FADEZE.

Tu vas dans un moment en apprendre de belles !

MATAMORE.

Je viens vous délivrer de cette oppression
Sous laquelle gémit la triste nation ;
Aux fers de vos tirans mon bras va vous soustraire.

FADEZE.

Hélas ! mon pauvre enfant, que prétédrois-tu faire ?
                            Nos

LES SAUVAGES. 17

Nos vainqueurs trop puissans bravent notre
courroux ;
Avec de tels bretteurs nous devons filer doux.
Que produiroit l'effort de nos armes fragiles,
Des habitans des eaux dépoüilles inutiles?

MATAMORE.

Tu t'exprimes ici d'une étrange façon !

FADEZE.

Je n'ai pas voulu dire arêtes de poisson ;
Et quoique né Sauvage, apprens que je me pique
D'employer trés souvent des fleurs de rhétorique.
Voilà ce que l'on gagne avec les beaux parleurs.

MATAMORE.

Les Français t'on gâté.

FADEZE.

J'en estime les mœurs,
Et les armes sur tout. Quand il nous font la guerre,
Tu sçais que sur l'épaule ils portent le tonnerre,
Et qui pis est encor qu'ils combattent gissans
Sur des monstres guerriers, pour eux obéïssans.

MATAMORE.

Je n'y puis plus tenir, peste de la pécore !
Quoi ! tu vis avec-eux, & tu n'as pas encore
Détruit l'illusion qu'un préjugé trompeur
Faisoit sur nos esprits dérangés par la peur ?
Finissons, je te prie, & montre moi l'Alzire ;
Mon cœur toûjours pour elle avec ardeur soupire.
Tu me l'avois promise, & je ne doute pas
Que son pere à mes vœux, n'accorde tant d'appas.

FADEZE à part.

Tu pourrois te tromper !

MATAMORE.

Qu'annonce un tel silence ?
Quoi ! n'oses-tu repondre à mon impatience ?

B

FADESE.
Tien, laisse-là ma fille, & pour cause.

MATAMORE.
Comment?

FADESE à part.
Je ne sçais que lui dire ?

MATAMORE
Ah quel étonnement !
Ne te souvient-il plus qu'à mon destin unie....

SCENE IX.

MATAMORE, FADESE, NEGRILLON,
Suite, UN GARDE.

LE GARDE.
SEigneur, on vous attend pour la Cérémonie.

FADESE.
J'y vais. Adieu mon cher.

MATAMORE.
Par tout je te suivrai !

FADESE.
Oh ! non pas s'il te plaît, je t'en empêcherai.

MATAMORE.
Apren-moi le destin qu'à mes feux on aprête ?

FADESE.
Il n'est pas encore tems ; je ne suis pas si bête,
Tu pourrois tout gâter.

MATAMORE.
Mais enfin, conduis-moi
A ta cérémonie.

FADESE.
Oh ! que non,

LES SAUVAGES.

MATAMORE.
Et pourquoi?
FADESE.
Gardes, je veux qu'ici votre main le retienne.
LE GARDE.
De quelle part, Seigneur?
FADESE.
Ce n'est pas de la mienne,
Mais il est avec vous un accommodement;
Obéïssez, prenez que ce soit Garnement.
(*Ils sortent.*)

SCENE X.
MATAMORE, NEGRILLON, Suite, GARDES.

MATAMORE.
Garnement en ces lieux commande ! Ce barbare?...
Mais quelle est aujourd'hui la fête qu'on prépare?
Pourquoi Fadéze ici me fait il arrêter?
Le fourbe me trahit, il n'en faut point douter;
Il me cache l'Alzire & manque à sa promesse...
Ah ! ma rage s'accroît par leurs cris d'allegresse.
Allons troubler la fête.....
NEGRILLON.
Il n'est pas encor tems,
La vengeance doit mieux menager ses instans;
Tu sçais que nous avons à deux pas de la Ville
Une nombreuse armée à tes ordres docile,
Je prétens sous ces murs la conduire sans bruit
Et les escalader à l'ombre de la nuit,
MATAMORE.
Ne parle pas si haut, la garde peut t'entendre.

NEGRILLON.

Bon, bon ! A nos discours que peut-elle comprendre ?
Nous parlons Iroquois.

MATAMORE

Ils le parlent aussi,
Et nous faisons fort mal de conspirer ici.

NEGRILLON.

D'ailleurs, je te dirai que tous leurs bruits de guerre,
Leur appareil pompeux, leur prétendu tonnerre
Ne doivent étonner que d'ignorans esprits,
Qui des moindres effets sont frappés & surpris.
Leur foudre est un aprêt de souphre & de salpêtre,
Qu'on ne redoute plus, quand on sçait le connoître.
Mes yeux de l'artifice ont été les témoins.

MATAMORE.

Leur secret découvert nous en tuëra-t'il moins ?
De ton raisonnement j'admire la finesse :
Mais sortons au plûtôt, & cherchons ma maîtresse.

NEGRILLON.

La garde dans ces lieux doit arrêter mes pas.

MATAMORE.

Elle se prête à tout, ne t'inquiète pas.

(*Ils sortent.*)

SCENE XI.

L'ALZIRE *seule*.

Quoi donc ! autour de moi je ne vois plus personne ?
Avec juste raison ce changement m'étonne.

Fadéze, Bonhommés, la Cour de Garnement
Devroient me ramener à mon appartement.
Tous me fuivoient en foule à la cérémonie,
Et je viens feule ici d'abord qu'elle eft finie,
Puifqu'on laiffe un champ libre à mes juftes dou-
　　leurs,
On veut apparemment que je verfe des pleurs,
Les ames par mes maux feront intereffées,
Si je les entretiens de mes amours paffées.
Quoique de ma vertu je faffe grand fracas,
Que j'en parle beaucoup, mon cœur ne l'aime
　　pas.
En prenant un époux, j'ai promis ma tendreffe,
Mais je crains de manquer bien-tôt à ma pro-
　　meffe;
Et l'époux dit en vain, qu'il doit être chéri,
Si la femme en fon cœur foûtient un favori.

SCENE XII.

L'ALZIRE, NEGRITTE.

NEGRITTE.

Madame, un des Captifs, qui dans cette
　　journée,
N'ont dû leur liberté qu'à ce grand himenée,
En fecret, à vos pieds, demande à fe jetter.

L'ALZIRE.

A mes pieds! Quel qu'il foit, il peut fe prefenter;
D'un fecret entretien la beauté finguliere
Aux tendres fentimens donne une ample cariere.

SCENE XIII.

MATAMORE, L'ALZIRE, NEGRITTE.

MATAMORE.

M'Eſt-elle enfin renduë? Eſt-ce elle que je vois?

L'ALZIRE.

Qu'entens-je! Ah! c'eſt lui-même, & je le reconnois.

MATAMORE.

Le ciel a donc permis après trois ans d'abſence,
Que je puiſſe joüir encor de ta preſence.

L'ALZIRE.

Je ne ſçai que penſer, que dire en ce moment?
Le jour de mon himen je revoi mon amant;
Celui qui le premier eut le don de me plaire,
Il me baiſe la main, & je le laiſſe faire!

MATAMORE.

J'ai conſervé pour toi toûjours la même ardeur;
J'ai bien fait du chemin, j'ai bien eu du malheur;
Mais ſans te fatiguer d'un diſcours inutile,
On dit que Garnement commande en cette ville;
Je le cherche par tout afin de l'égorger.

L'ALZIRE.

Oüi, j'aime ta fureur, & tu dois te venger.
Frape!.....

MATAMORE.

Que me dis tu? Je vois couler tes larmes!

L'ALZIRE.

Frape!.....

MATAMORE.
Et qui donc fraper ? D'ailleurs je n'ai point d'armes.

L'ALZIRE.
Ah ! c'eſt avec raiſon que tu hais Garnement ;
Je viens de l'épouſer en ce même moment !

MATAMORE.
Ciel ! Il eſt ton époux ?

L'ALZIRE:
Oüi, je ſuis criminelle,
Mais pour te conſoler, je te ſerai fidelle ;
Un autre eſt mon époux, tu ſeras mon amant.
Pauline en pareil cas parle tout autrement,
Et loin de ſe ſervir d'une indecente excuſe,
A Severe elle dit…" Qu'une autre vous abuſe.
„ Pauline a l'ame noble & parle à cœur ouvert ;
„ Le bruit de votre mort n'eſt point ce qui vous perd :
„ Si le ciel à mon choix eût mis mon himenée,
„ A vos ſeules vertus je me ſerois donnée,
„ Mais puiſque mon devoir m'impoſoit d'autres loix,
„ De quelque amant pour moi, que mon pere eût fait choix ;
„ Quand à ce grand pouvoir que la valeur vous donne,
„ Vous auriez ajoûté l'éclat d'une couronne ;
„ Quand je vous aurois vû, quand je l'aurois haï,
„ J'en aurois ſoupiré, mais j'aurois obeï ;
„ Et ſur mes paſſions ma raiſon ſouveraine
„ Eût blâmé mes ſoupirs & diſſipé ma haine.
Moi, dont le caractere eſt la ſimplicité ;
Je mets pour un moment la vertu de côté,
Oubliant les devoirs du ſaint nœud qui me lie,

Ma tendreſſe renaît quand je te vois en vie ;
Et quoique de l'himen je connoiſſe les droits,
Je dirai que je t'aime encor plus de vingt fois.

MATAMORE.

Puiſque je ſuis aimé, je ne doi plus rien craindre.
Garnement en ce cas ſera le ſeul à plaindre.

SCENE XIV.

BONHOMME'S, GARNEMENT, L'ALZIRE, MATAMORE, NEGRITTE.

BONHOMME'S.

AH mon fils ! Le voici ; venez remercier
Celui dont les bienfaits ne peuvent ſe payer.
Cet ami génereux qui me ſauva la vie,
A votre femme encor vient tenir compagnie.

GARNEMENT.

Que vois-je !

MATAMORE.

Garnement ! Quoi le Ciel a permis
Que cet honnête pere eût ce fripon de fils ?

GARNEMENT.

Inſolent !

MATAMORE.

Ah ! tout doux, je n'ai rien dit encore.
Dans ce moment fatal, reconnois Matamore,
Son aſpect imprévû ſemble t'embarraſſer ;
Oüi, tu le reconnois, tu n'oſes le fixer.

BONHOMMÉS.

BONHOMMÉS.
Matamore!

MATAMORE.
C'est lui que ta cruelle rage
Accabla de tourmens dans un dur esclavage.
Vieillard, je te respecte & j'abhorre ton fils ;
Quand je l'aurai tüé, nous ferons bons amis.

BONHOMMÉS.
Puis-je croire, mon fils, ce que je viens d'entendre?
Par de bonnes raisons pourrez-vous vous défendre?

GARNEMENT.
Me défendre, mon pere! Y pensez vous? Et quoi,
Contre ce malheureux ? Vous vous moquez de
 moi.

L'ALZIRE.
Taisez-vous tous, c'est moi qui dois avoir la
 gloire
De captiver ici l'esprit de l'Auditoire.
La situation est neuve assûrement,
Mon mari d'un côté, de l'autre mon amant.
Je hais l'un, j'aime l'autre, & mon malheur
 extrême
Me donne à qui je hais, & m'ôte à ce que j'aime.
Voyons, que ferons-nous & comment accorder
Deux hommes, dont chacun veut seul me pos-
 seder ?
J'offense mon époux par ma folle tendresse ;
Je trahis mon amant qui reçut ma promesse,
Je sçai que le mari le devroit emporter;
Que ce n'est point ici matiere à disputer :
Mais en faisant combattre & l'épouse & l'a-
 mante,

C

La rareté du fait rend la chose charmante.
Vengez vous l'un & l'autre, en terminant mon
 sort,
Quand on ne sçait que dire, on demande la
 mort.

MATAMORE.

Voi quelle est sa bonté ! Renoncer à la vie
Pour ne point s'exposer à faire une folie !
Mais ce n'est pas ton sang qu'on doit ici verser,
Garnement, c'est mon sein que ton bras doit per-
 cer.
Je suis ton prisonnier, & n'ai point de défense ;
Vien, tu peux me donner la mort en assûrance.
Pourquoi balance-tu ? Frape un rival aimé,
Profite du moment où je suis défarmé.

GARNEMENT.

Oses-tu me tenir un semblable langage,
Vaincu dans un combat & mis dans l'esclavage,
Du respect qu'on me doit tu reçûs les leçons.
Quoi ! jusqu'en Amerique on trouve des Gascons ?
Punissons l'orgüeilleux. Gardes ! qu'on le sai-
 sisse.

BONHOMMES.

Mon fils, n'ordonne point une telle injustice ;
J'ai de l'amour pour lui presque autant que pour
 toi ;
L'un tient de moi la vie, à l'autre je la doi :
N'es-tu pas possesseur de l'aimable L'Alzire ?
Il est assez puni, mon fils, laisse-le dire.

GARNEMENT.

Ah ! j'enrage, & mon cœur ne peut plus soû-
 tenir
Les fatiguans discours qu'on vient de me tenir
Dans l'état où je suis, mon unique esperance

LES SAUVAGES. 27
Est de me satisfaire au moins par la vengeance,
Ma femme éfrontement me traite comme un sot;
Mon rival me menace, & je ne dirois mot?

SCENE XV.

MATAMORE, GARNEMENT, BONHOMMES, L'ALZIRE, NEGRITTE, UN GARDE, Suite.

LE GARDE.

Seigneur, préparez-vous; les Sauvages pa-
roissent;
Autour de nos remparts ces barbares s'empressent.
Dans un ordre nouveau, marchant à pas comp-
tez,
Ils semblent depuis peu s'être enregimentés;
Et pour mieux attaquer, ils ont eu la malice,
D'aprendre comme nous à faire l'exercice:
Ils sçavent Matamore enfermé dans ces lieux;
Et son nom par leurs cris est porté jusqu'aux
cieux.

GARNEMENT.

Oui necessairement il faut qu'on l'emprisonne;
Gardes? C'est tout de bon qu'à présent je l'or-
donne.
Je pourrois t'envoyer commander tes soldats,
Pour te faire sentir que je ne te crains pas:
L'action seroit noble & le trait heroïque;
Mais j'ai moins de grandeur & plus de politique.

MATAMORE.

C'est ainsi qu'un tyran sçait se faire raison,
Et sa grande ressource est de mettre en prison.

(*Il sort*)

C 2

SCENE XVI.

BONHOMMÉS, L'ALZIRE, GARNEMENT, NEGRITTE, Suite.

BONHOMMÉS.

Va combattre, mon fils,

GARNEMENT.

Il n'en est pas besoin;
Ce sont des ennemis qu'on peut vaincre de loin,
Qu'on tire du canon du haut de la muraille,
Et vous verrez s'enfuir toute cette canaille.

BONHOMMÉS.

En effet un combat coûteroit trop de tems.

L'ALZIRE.

Negritte, écoute-moi,

NEGRITTE.

Suffit, je vous entens.

BONHOMMÉS.

Je vais donc ordonner qu'on ferme bien la porte,
Et qu'à se retirer, le canon les exhorte. *(Il sort.)*

SCENE XVII.

GARNEMEMT, L'ALZIRE.

L'ALZIRE.

Seigneur, jusques ici, j'ai pû vous faire voir
Un cœur sur qui le vôtre avoit peu de pouvoir;
Essayons si l'objet de votre vive flâme

Aura plus de credit à présent sur votre ame :
Celui que dans l'instant vous faites arrêter,
Est mon meilleur ami, vous n'en sçauriez douter.

GARNEMENT.

Encore !

L'ALZIRE.

Ecoutez moi. Par un effort sublime,
Vous pouvez aujourd'hui meriter mon estime ;
Mettez en liberté ce malheureux rival,
A qui vous n'avez fait déjà que trop de mal ?
Donnez de vos vertus une preuve éclatante.
Ou bien si leurs attraits n'offrent rien qui vous tente,
Les vices quelquefois font agir noblement ;
Faites-le par orgüeil ; il n'importe comment.

GARNEMENT.

Je n'aurois jamais crû qu'une fille sauvage
De la Métaphisique eût si bien fait usage ;
A pareille démarche osez-vous recourir ?

L'ALZIRE.

On fait tout pour l'amant qu'on voit prêt à perir ;
Et si vous m'accordez la grace que j'implore,
Je ne vous promets pas de vous aimer encore.

GARNEMEMT.

Oh ! parbleu, c'en est trop, & l'on ne vit jamais
Le plus stupide époux souffrir de pareils traits ;
Loin d'exaucer vos vœux, apprenez, ma mignonne,
Que je serai bien bon, si je vous le pardonne.

L'ALZIRE.

La nature trop simple aura pû m'abuser ;
Je connois peu vos mœurs, vous devez m'excuser.

GARNEMENT.

Vous donnez trop souvent de ces raisons frivoles,
J'en croi les actions, & non pas les paroles ;
Depuis trois ans entiers habitant parmi nous,
Nos mœurs ont eû le tems de passer jusqu'à vous,
Et vous n'ignorez pas que fille qu'on marie,
Doit n'aimer que l'époux à qui l'himen l'allie;
Même en votre païs on se fait une loi
De vaincre son panchant pour conserver sa foi.
Et puisque vous parlez toujours de la nature ;
Sçachez que de ses loix c'est ici la plus pure.
Vous voulez menager une restriction,
Pour donner un champ libre à votre passion ;
Mais votre caractere enfin se dévelope,
Vous n'agissez que trop comme on fait en Europe.
(*Il sort*)

SCÈNE XVIII.
L'ALZIRE.

JE n'ai pû rien gagner, & je m'en doutois bien,
Mais je réüssirai par un autre moyen,
Et quoique d'une Agnés j'affecte ici la mine,
Garnement a raison, oüi je suis assez fine.

SCÈNE XIX.
L'ALZIRE, NEGRITTE.
NEGRITTE.

Madame, c'en est fait, mes soins ont reüssi,
Matamore bientôt va reparoître ici ;
Et le même soldat qui veilloit à sa porte,

LES SAUVAGES.

Pour l'amener vers vous, doit lui servir d'escorte;
Dès qu'il a vû de l'or, ses esprits enchantés...

L'ALZIRE.

Ce métal sçait lever bien des difficultés;
Mais je crains cependant qu'une telle entreprise..

NEGRITTE.

Non, non, ne craignez rien, la nuit nous favorise.

SCENE XX.

L'ALZIRE, NEGRITTE, UN GARDE.

LE GARDE.

Madame, on vous attend, & je viens vous chercher,
Monsieur le Gouverneur est prêt à se coucher.

L'ALZIRE.

Comment ?

LE GARDE.

Un jour d'himen c'est l'usage ordinaire.

L'ALZIRE.

Je ne le sçavois pas; mais j'ai certaine affaire...,
Allez, & dites-lui qu'il s'endorme toûjours.

LE GARDE.

Mais il dit que...

L'ALZIRE.

Marchez, c'est assez de discours.

SCENE XXI.

L'ALZIRE, MATAMORE, NEGRITTE, GARDE.

L'ALZIRE.

IL prend fort bien son tems, quand je suis inquiéte
Du périlleux dessein que mon ame projette.
Mais j'apperçois quelqu'un.

MATAMORE.

Objet de tous mes vœux!
Pour te revoir encor je suis assez heureux,
Je ne l'esperois plus; cette prison affreuse
A ton amant déjà paroissoit ennuyeuse,
Je croyois n'en sortir que pour être immolé;
Mais tes soins génereux m'ont bien-tôt consolé.

L'ALZIRE.

Que ne feroit-on pas pour un cœur aussi tendre!
Sors vîte de ces lieux, on pourroit te reprendre.

MATAMORE.

Eloignons-nous; partons, car je ne doute pas
Que ton dessein ne soit d'accompagner mes pas,
Ta tendresse pour moi s'est trop bien annoncée,
Pour que d'un trait pareil tu sois embarrassée;
Marchons, & que ta fuite assûre mon bonheur.

L'ALZIRE.

Non, il faut une fois avoir un peu d'honneur.

MATAMORE.

D'Honneur! Nous convient-il de vouloir le connoître?

LES SAUVAGES.

Le mouvement du cœur doit être notre maître ;
Tu m'aimes ; vien, sui-moi.

L'ALZIRE

Je n'y puis consentir,
J'en aurois grande envie, à ne te point mentir,
Mais lorsque du grand monde on a la connois-
 sance,
On y doit mesurer ses pas avec décence.
Fui, te dis-je.

MATAMORE.

Non, non, il ne sera pas dit
Que cette occasion se presente à credit :
Mon rival en ce jour épouse ce qu'il aime ;
Et loin de profiter de ce bonheur extrême,
Il laisse là sa femme au milieu de la nuit.
Du devoir de l'amant l'époux même m'instruit;
Sui-moi.

L'ALZIRE.

Non, Matamore. Et toi, soldat fidele,
Accompagne des pas confiés à ton zele,
Répons-moi du tresor que je livre à tes soins,
Que sa fuite soit prompte & n'ait aucuns té-
 moins.

MATAMORE.

Tu ne veux pas me suivre !

L'ALZIRE.

Hélas ! non.

MATAMORE.

Ah perfide !
Je vais donc me livrer au couroux qui me guide,
Ne croi pas, dans l'horreur où tu plonges mes
 jours,
Qu'une fuite honteuse en prolonge le cours.

34   LES SAUVAGES.

Adieu cruelle, adieu ; tu vas bien tôt apprendre
Ce qu'un amant jaloux peut enfin entreprendre.

L'ALZIRE.

Que vas-tu faire ? arête ! Au nom de notre ardeur ....

MATAMORE.

Ne mêle point l'amour à ces instans d'horreur ;
Laisse-moi tout entier à ma funeste rage. (*Il sort.*)

L'ALZIRE.

Ah ! sans doute, Negritte, il va faire tapage ;
Ne l'abandonne pas & calme ses transports.
Hélas ! J'aurai tenté d'inutiles efforts.
                    (*Negritte sort.*)
Je voulois le sauver, & je le perds, sans doute ;
Malgré mes soins, l'argent & l'honneur qu'il m'en coûte :
Que va t'il faire ? O ciel ! je tremble, je fremis !
Il est environné d'un monde d'ennemis.
Ah ! puisqu'à le sauver l'amour m'avoit reduite,
J'aurois aussi bien fait de partager sa fuite,
Et la fatalité de cet évenement
Me fait trahir sans fruit & l'époux & l'amant ;
Mais quel tumulte affreux ! Quelle allarme soudaine !
Allons voir ce que c'est : non ce n'est pas la peine.
Un Garde vient.

SCENE XXII.
L'ALZIRE, GARDE.

LE GARDE.

Madame, en ce fatal moment,
J'arrive pour vous faire un mauvais compli-
ment.

L'ALZIRE.

Qu'eſt ce ?

LE GARDE.

Il faut en priſon me ſuivre tout-à-l'heure.

L'ALZIRE.

En priſon !

LE GARDE.

S'il vous plaît.

L'ALZIRE.

Moi, dans cette demeure !
Dites au moins pourquoi ?

LE GARDE.

Non pas, c'eſt un ſecret.

L'ALZIRE.

Ah ! Monſieur l'Alguazil, vous faites le diſcret !
Comme de tout ceci je doi ſçavoir la cauſe,
Sans vous faire prier, dites m'en quelque choſe.

LE GARDE.

Votre pere dans peu viendroit vous le conter ;
Mais auſſi bien que lui je vais m'en acquitter.
Il faut ſçavoir d'abord que le ſoldat ſtupide,
Qui de votre galant devoit être le guide,
S'eſt laiſſé dépoüiller comme un franc animal ;

Et, quoiqu'à votre amant son habit allât mal,
Il se glisse au palais avec cet uniforme,
Resolu d'y commettre un attentat énorme.
Le sentinelle crie aussi-tôt : Alte là !
Mais comme il n'avoit point réponse à, Qui va là ?
Il tire son épée, il veut forcer la porte ;
Chacun accourt, surpris d'une rumeur si forte ;
Matamore, à l'instant, par tout environné,
Pour la troisiéme fois se voit emprisonné.
Le Conseil transcendant, & rempli de justice,
Veut de la trahison découvrir le complice ;
Et ne vous voyant point auprés de votre époux,
S'imagine d'abord que ce doit être vous.

L'ALZIRE.

Eh ! Quoi ? Si peu de tems auroit-il pû suffire ?

LE GARDE.

Cela s'est fait plûtôt que je n'ai pû le dire :
Mais, suivez-moi, Madame.

L'ALZIRE.

    Il n'en est pas besoi
D'amener mon amant prenez plûtôt le soin,
Puisqu'il faut avec lui qu'ici je m'entretienne,
Que tout doit y finir; que tout le monde y vienne,

LE GARDE.

J'aperçois Matamore, & vous n'attendrez pas
     [*Il sort.*]

SCENE XXIII.

MATAMORE, L'ALZIRE.

MATAMORE.

JE suis donc assuré d'obtenir le trépas;
Le Conseil, avec moi, condamne mon amante.
La mort va nous unir, n'es tu pas bien contente?

L'ALZIRE.

Tu n'en sçaurois douter, je mourrai noblement,
Des héros comme nous meurent-ils autrement?

MATAMORE.

Mais, je vois Bonhommés; d'un air triste il s'a-
   vance:
Il s'est chargé du soin de lire la sentence.

SCENE XXIV.

BONHOMMÉS, MATAMORE, L'ALZIRE.

BONHOMMÉS.

HElas! Mes chers enfans, vous allez expi-
   rer!

MATAMORE.

Quand nous ne pleurons pas, pourquoi veux-tu
   pleurer?
Parle sans t'émouvoir comme je vais t'entendre.

BONHOMMÉS.

De la rigueur des loix, je n'ai pû vous défendre,
De l'arrêt à peu-prés je vous rends la teneur:

Toi, pour n'avoir pas pû tuer le Gouverneur,
Toi, pour avoir osé favoriser sa fuite,
Vous allez tous les deux mourir de mort subite:
Pour conserver tes jours, j'ai fait ce que j'ai pû;
Mais malgré mon credit, va, tu seras pendu.

SCENE DERNIERE.

GARNEMENT, MATAMORE, L'ALZIRE, BONHOMMES.

GARNEMENT.

Doucement, s'il vous plaît, car c'est moi qui commande;
Et je ne prétens point du tout que l'on le pende.
Matamore peut bien n'être pas criminel;
Peut-être venoit-il m'appeller en duel;
Car je ne pense pas qu'une ame bien placée
Pût d'un assassinat concevoir la pensée.

(à l'Alzire.)

Pour vous, que vainement on voudroit corriger,
Qui mettiez mon honneur & ma vie en danger,
Qui des cœurs vertueux êtes la parodie,
Trouvez bon, s'il vous plaît, que je vous re-
  pudie:
Bien plus, à mon rival je vous cede aujourd'hui,
Non pas dans le dessein de me venger de lui,
Je n'ai point de rancune, & mon cœur lui par-
  donne.

MATAMORE.

Il ne promettoit pas d'avoir l'ame si bonne!
Si je l'avois tué je m'en repentirois

GARNEMENT.

Oh! si j'étois mourant, chez moi je me tien-
 drois,
Et j'aurois ordonné, pour la derniere scene,
Que de venir me voir on se donnât la peine;
Alors, en beaux discours, j'aurois éloquemment,
Fait en votre faveur un fort long testament.
   [*Au Parterre.*]
Quiconque sur ce point voudra se satisfaire,
En toute sûreté peut aller voir mon frere,
Sur la fin de sa vie il a fait éclater.
Des traits que la Critique a lieu de respecter;
Nous les trouvons si beaux, que nous ferions
 scrupule,
De répandre sur eux le moindre ridicule.

FIN.

www.ingramcontent.com/pod-product-compliance
Lightning Source LLC
Chambersburg PA
CBHW060523050426
42451CB00009B/1137